VENTE DU MERCREDI 29 MARS 1905
Hôtel Drouot, Salle N° 8
(DEUXIÈME PARTIE)

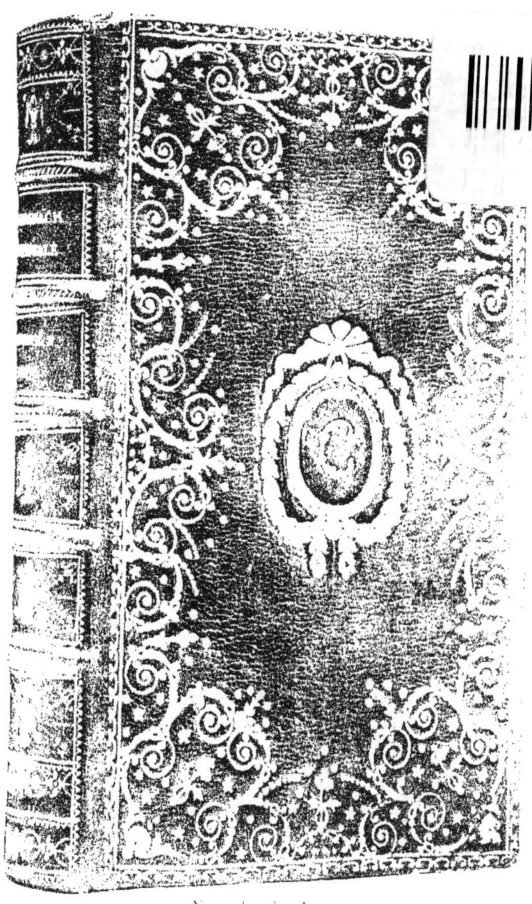

(N° 4 du Catalogue)

Ouvrages
sur la
Révolution Française

ESTAMPES

PARIS

1905

CATALOGUES ILLUSTRÉS

de la

COLLECTION

de feu M. le Docteur BAUDON

—— o ——

ESTAMPES

et BIBELOTS

de la

Révolution Française

dont les ventes auront lieu :

aux mois d'Avril et de Mai 1905

IMP. FRAZIER-SOYE, 153-157, RUE MONTMARTRE, PARIS

VENTE APRÈS DÉCÈS

(Deuxième Parties)

CATALOGUE

DE

LIVRES

SUR LA RÉVOLUTION FRANÇAISE,

l'Empire, la Restauration,

Napoléon III, la Guerre de 1870-1871, la Commune, etc.

ESTAMPES

PIÈCES SUR LES BALLONS, CARICATURES

ET PIÈCES HISTORIQUES, ETC.

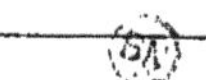

PARIS

LIBRAIRIE MATHIAS & Cie

ASSISTÉS DE M. LÉOPOLD DELTEIL

4 bis, rue de Châteaudun

1905

LA VENTE AURA LIEU :

LE MERCREDI 29 MARS 1905, A 2 H. PRÉCISES

HOTEL DES COMMISSAIRES-PRISEURS

9, Rue Drouot

SALLE N° 8, au premier étage

Par le Ministère de M° Maurice DELESTRE, *Commissaire-Priseur*

5, Rue Saint-Georges, 5

Assisté de MM. MATHIAS & Cⁱᵉ, *Libraires-experts*

4 *bis*, Rue de Châteaudun, 4 *bis*

ORDRE DE LA VACATION

N° 148 à 202 . . . . **Estampes**

N° 1 à 147 . . . . **Livres**

CONDITIONS DE LA VENTE

La vente se fait au comptant.

Les acquéreurs paieront 10 p. 100 en sus du prix de l'adjudication.

Les livres vendus devront être collationnés dans les 24 heures de l'adjudication. Passé ce délai, ils ne seront repris pour aucune cause.

MM. MATHIAS & Cⁱᵉ se réservent la faculté de réunir ou de diviser les numéros du Catalogue. — **Ils rempliront les commissions qu'on voudra bien leur confier.**

On pourra examiner les livres et estampes à la Librairie MATHIAS & Cⁱᵉ.

DESIGNATION

1. **Affaire du Collier** : 4 volumes.

> Mémoires justificatifs. Recueil de 25 piéces en 1 vol. in-4, veau anc. — Mémoires justificatifs de la C^sse de Valois de La Motte, écrits par elle-même. *S. l.*, 1789, 4 parties en 1 vol. in-12, demi bas. *Portrait et 1 figure* — Histoire véritable de Jeanne de St-Remi, ou les Aventures de la C^sse de la Motte. *Villefranche*, 1786, in-8, demi rel. — Vie de Joseph Balsamo, connu sous le nom de Comte Cagliostro. *Paris*, 1791, in-8, *port.*, demi rel., *non rogné*.
>
> On a joint une suite de *20 portraits* des principaux personnages de l'affaire du Collier, publiée à *Paris*, *chez Basset* ; in-4, en feuilles.

2. **Affiches** : Réunion de 9 pièces.

> Edit. sur la loi martiale, 1789 — Proclamation du Roi sur le droit de paix ou de guerre, 1790 — Proclamation de la Commune de Paris, 1790, etc.

3. **Almanac de Gotha.** Années 1788, 1789, 1791, 1795 et 1806, *Gotha, Ettinger*, 1788-1806 5 vol. in-32, *fig.*, cart. anc.

> Front., port., modes et coiffures, figures de *Chodowieski*, dont plusieurs relatives à la Révolution, etc. — L'année 1791 est reliée en maroquin rouge, fil., tr. dor. (*Rel. anc.*). — Manque 2 pl. à l'année 1806.

4. **Almanach National** de France, année commune M. DCC. XCIII., l'an IIe de la République. *Paris, Testu*, 1793, in-8, *Carte*, mar. rouge, dos orné, large dent. à petits fers, médaillon en mos. de mar. vert avec le chiffre C, tr. dor. (*Rel. anc.*).

> Année Rare — Très bel ex. dans une jolie reliure, très fraiche.

5. Almanachs. 12 vol. in-12 et in-18, brochés et reliés.

Almanach du Père Gérard. *Paris*, 1792, *front. Ex. en mar. anc.* — Almanach des 83 départements. *Paris*, 1792 — Almanach des Honnêtes Gens (par Maréchal). *Paris*, 1793, *front.* — Almanach historique. *Paris* 1793, *front.* — Almanach historique et revolutionnaire, par le C. André. *Paris*, an 3, *front.* — Almanach des Prisons (par Coissin). *Paris*, an 3, *front.* — Almanach des Gens de Bien. *Paris*, 1795, *front.* — Almanach des Bizarreries humaines. (par Bailleul) *Paris*, 1796 — etc.

6. Almanachs. 5 volumes.

Etrennes nationales, curieuses et instructives, avec figures, pour l'année 1790 (— 1791 et 1793). *Paris*, 1790-1793. Ens. 3 vol. in-18, *fig. sur bois*, dont 2 reliés en veau et 1 en mar. rouge, tr. dor. (*Rel. anc.*). — Le Petit Théâtre de l'Univers. Avec figures, pour l'année 1792. *Paris*, 1792, in-32, *fig. sur bois*, demi rel. chag. rouge avec coins, *non rogné* — Almanach historique, nommé le Messager boiteux, pour l'an de grâce 1791, *Basle*, 1791, in-4, *planches*, demi vél. v. (Curieuses figures sur bois représentant la *Vue intérieure de la démolition de la Bastille*, la *Représentation de l'Assemblée Nationale, 4 fév. 1790*, etc.).

7. L'Ami du Peuple ou le Publiciste Parisien. Journal politique et impartial. Par M. Marat. Du n° 181 (4 août 1790) au n° 420 (5 avril 1791) et du n° 541 (29 août 1791) au n° 600 (15 nov. 1791). 5 vol. — Journal de la République Française, par Marat. Du n° 62 (1er déc. 1792) au n° 156 (30 mars 1793). 1 vol. — Ens. 6 vol. in-8, demi bas.

On a joint : *Marat*. Plan de Législation Criminelle. *Paris*, 1790, in-8, *portrait*, broché.

8. Aneries révolutionnaires ou Balourdisiana, bétisiana, etc. etc. Anecdotes de nos jours recueillies et publiées (par Capelle). *Paris, Capelle*, an IX, *front. col.* — *Révolutioniana* ou anecdotes, épigrammes et saillies relatives à la Révolution, par Philana *Paris, Maradan*, an X, *front.* — Ens. 2 vol. in-16, demi rel., *non rognés*.

9. Assignats. Réunions de 37 pièces.

Assignats de 10.000 frs, 2.000, 1.000, etc. — Mandats territoriaux — Bons de subvention civique du Siège de Lyon, de St-Domingue — Billet de loterie — etc.

10. Barruel-Beauvert (Cte de). — Lettres sur quelques particularités Secrètes de l'Histoire, pendant l'interrègne des Bourbons. *Paris, Egron*, 1815, 3 vol. in-8, demi rel.

11. Bastille (Mémoires historiques et authentiques sur la), dans une suite de près de trois cents emprisonnements, détaillés et constatés par des pièces, etc., trouvés dans cette forteresse... (Publiés par J.-L. Carra). *Paris et Maestricht*, 1789, 3 vol. in-8, *planche*, demi rel. veau marb., dos ornés, *non rognés*.

1 figure représentant la *Prise de la Bastille*, gravé par *Godin*.

On a joint : *Lecocq* (G.). La Prise de la Bastille et ses anniversaires. *Paris, Charavay*, 1881, in-12, *front., pap. vergé, broché, couc. imp.*

12. Bastille. (Histoire et prise de la). 8 volumes in-8 et in-12, reliés et brochés.

Linguet. Mém. sur la Bastille et la détention de l'auteur dans ce château royal. *Londres*, 1783, *front.*, — Histoire d'une détention de 39 ans dans les prisons d'état, écrite par le prisonnier lui-même (Mémoires du Sieur H. Masers de Latude). *Amsterdam*, 1787. — Révolution de Paris, en 1789, avec des détails hist. et anecd. sur la Bastille. *S. l.*, 1789, 2 parties en 1 vol., *planches* — Remarques hist. sur la Bastille ; sa démolition et révolutions de Paris en juill. 1789. *Londres*, 1789 — Mémoires de Linguet, sur la Bastille, et de Dusaulx, sur le 14 juillet. *Paris*, 1822 — *Dufey de l'Yonne*. La Bastille. Mémoires pour servir à à l'hist. secrète du gouvernement français, depuis le 14e siècle jusqu'en 1789, *Paris*, 1833, *fig.* — *Lecocq* (Ch.). La Prise de la Bastille et ses anniversaires. *Paris*, 1881 — *Bord* (G.) La Prise de la Bastille et les conséquences de cet événement dans les Provinces. *Paris*, 1882.

13. Bastille. 7 brochures in-8.

Révolutions de Paris. N° 1 du 12 au 17 juillet 1789. *Paris, 1789* — Hist. d'un fils de Roi prisonnier à la

Bastille, 1789 — Les Lauriers du fauxbourg St-Antoine ou
le prix de la Bastille renversée, 1789 — La Prise de la
Bastille, hiérodrame, 1789 — Précis exact de la prise de la
Bastille, 1789 — Le Cte de Lorges, prisonnier à la Bastille
pendant 32 ans, 1789 — Les Crimes des Parlemens, ou les
horreurs des Prisons judiciaires dévoilées, par P.-M. Parein,
l'un des vainqueurs de la Bastille. 1791, *figure*.

14. Barri (Csse du) — **Gazette de Cythère**, ou
Histoire secrète de Mme la Comtesse Du Barry.
*Londres, Wauckner, 1775, in-12, port., cart., non
rogné.* — **Anecdotes** sur la M. Comtesse du Barri.
Londres, 1780, 2 parties en 1 vol. in-12, *port.,* veau
raciné — **La Comtesse** du Barry. Sa Vie amou-
reuse, Le Gazetier Cuirrassé, etc ; Les maitresses
du Roi, par P. de St-Victor. Histoire de Mme Du
Barry, par A. Houssaye. *Paris,* 1878, in-8, *port.,*
broché, *couv. imp. (Ex. sur pap. de Hollande)* —
Ens. 3 vol.

15. Bibliographie et Iconographie de la Révolution.
4 volumes.

Collection de matériaux pour l'histoire de la Révolution
française depuis 1787 jusqu'à ce jour. Bibliographie des
journaux. Par M. D.....s. *Paris,* 1829, in-8, demi-rel.,
non rogné — Description hist. et bibliographique de la
collection de feu M. le Cte H. de la Bédoyère, sur la Révolution Française, l'Empire et la Restauration, rédigée
par France. *Paris,* 1862, in-8, *port.,* demi rel., *non rogné*
— Catalogue d'une Collection très importante d'ouvrages
hist. et satiriques sur Louis XVI, Marie-Antoinette et la
Révolution française. *Paris, Gouin,* 1869, in-12, cart.,
non rogné. — L'Art de vérifier les dates de la Révolution.
Paris, an XII, in-12, demi vél. v., *non rogné.*

16. BONNEVILLE. Portraits des Personnages
célèbres de la Révolution. Avec tableau hist. et notices de P. Quenard. *Paris, l'auteur,* 1796, 3 vol.
in-4, *port.,* veau raciné, dos ornés, petite dent., tr.
dor. *(Rel. anc.).*

3 frontispices, 150 portraits, 14 costumes et 1 tableau des
papiers monnaies.

17. Boyer de Nimes. Histoire des Caricatures sous la Révolte des Français. *Paris, de l'Imp. du Journal du Peuple*, 1792, in-8, de 416 pp., veau gris, non rogné.

Tome 1er seul, bien complet de ses 26 figures tirées en bistre.

18. Bretagne et **Vendée** : 4 volumes.

La Rochejacquelein (Mme de). Mém. de Mme la Marquise de La Rochejacquelein écrits par elle-même. Nouv. édit. revue et augm. *Paris, Michaud*, 1823, in-8, *port. et cartes*, cart. anc. — *Rapport* du Gen Benaben, commissaire du Dépt de Maine-et-Loire, près des Armées destinées à combattre les Rebèles de la Vendée ; ou Récit exact des événements les plus remarquables qui se sont passés sur les deux rives de la Loire dans cette guerre désastreuse. *Angers*, an III, in-8, broché. — *Vouziers* (de). Tuffin de la Rouarie, ou Histoire de la guerre des Chouans. *Paris, Tigers, s. d.*, in-16, *port.*, broché. — *Lallié* (A.). Les Noyades de Nantes. 2e édit. augm. de l'Histoire de la persécution des prêtres noyés. *Nantes*, 1879, in-8, broché.

19. Brochures, Autographes, Assignats, etc. Environ 125 pièces.

Contributions patriotiques, reçus de droits seigneuriaux, ventes de biens confisqués, billets de décès et de mariage, cachets de différentes administrations, pièces concernant l'armée, le Siège de Lille, autographes signés du général Brune et du général Lefebvre. Chansons patriotiques, etc. — *Ce lot pourra être divisé.*

20. Cabanès (Dr). Marat inconnu. *Paris, Genonceaux*, 1891. (*Ex. sur pap. de Hollande*). — Le Cabinet Secret de l'Histoire. *Paris*, 1895-1900, 4 vol. (*Ex. sur papier de Hollande*). — Les Morts Mystérieuses de l'Histoire. *Paris, Maloine*, 1901. (*Ex. sur pap. du Japon*). — Les Indiscrétions de l'Histoire. *Paris, A. Michel*, 1903. — Ens. 7 vol. in-8 et in-12, *fig.*, brochés, *couv. imp.*

21. Captivité du Temple : 3 volumes.

Cléry. Journal de ce qui s'est passé au Temple, pendant la captivité de Louis XVI. *Londres*, 1798, 2 tomes en 1 vol. in-18, *2 fig.*, bas. anc. — *Cléry.* Journal de ce qui s'est passé au Temple pendant la captivité de Louis XVI. Procès ou assassinat juridique de Louis XVI, roi de France et de Navarre ; Oraison funèbre de Louis XVI, par Rouillon-Petit. *Paris*, 1814, 3 ouv. en 1 vol. in-8. *(Portraits de Louis XVI, Marie-Antoinette et le Dauphin en médaillon, ajouté).* — Angoulême (D^me d'). Relation de la Captivité de la Famille Royale à la Tour du Temple. *Paris, Poulet-Malassis*, 1862, in-18, broché, *cour. imp.*

22. Caricatures politiques. *S. l.*, an VI, in-12, *fig.*, veau granite.

Pamphlet royaliste très rare, orné de 5 figures gravées et *coloriées*, représentant les 5 classes de républicains : *L'Indépendant, l'exclusif, l'acheté, l'enrichi et le sistématique.*

23. Challamel et **Ténint.** Lds Français sous la Révolution, avec 40 scènes et types, dess. par H. Baron, gravés sur acier par L. Massard. *Paris, Challamel, s. d.* (1843), in-8, *fig. coloriées.* — Histoire-Musée de la Révolution Française depuis l'Assemblée des Notables jusqu'à l'Empire. *Paris, Challamel*, 1842, 2 vol., *fig.* — Ens. 4 vol. gr. in-8, demi rel.

24. Chansonniers. Hymnes. Réunion de 8 vol. in-16, in-18 et in-32, reliés et brochés.

La République en Vaudeville. *Paris*, 1793, *front.* — Constitution française de 1795, mise en vaudevilles, 1796, *front.* — Les Bienfaits de l'Assemblée Nationale, ou entretiens de la mère Saumon, doyenne de la Halle. *Paris*, 1792. — Petit Théâtre Républicain. *Paris*, an III, *front.* — Chanssonnier décadaire pour l'an III. *Paris*, an III, *figures.* — Nouveau Chansonnier patriote. *Lille et Paris*, an II. — Recueil de chansons, vaudevilles et ariettes, qui ont été chantés avec succès sur les Théâtres de Paris, etc., depuis le commencement de la Révolution. *Paris*, 1796, 2 t. en 1 vol., *front. et musique gravée.* — Hymnes du Républicain à l'Eternel. *Paris et Rouen*, an II.

25. Chansons. Recueil de 41 Chansons populaires de la Période Révolutionnaire, en 1 vol. petit in-4, demi rel. veau fauve.

Recueil rare de chansons populaires.
La Rentrée du Parlement ; Le Piquet National ; La Contre-Révolution manquée ; Pétition des Femmes ; Voilà le mot :

Je suis libre, ou le courage du Père Duchêne ; La Fuite et le retour du Roi ; Chanson des Marseillois ; Hymne des Versaillois ; Les forges républicaines sauveront la Patrie ; Le départ des Marseillois, pour Rome ; Complainte sur la mort héroïque de Lepelletier de St-Fargeau ; Complainte sur la mort de la veuve Capet ; Hymne de l'Etre suprême ; La Vie héroïque et glorieuse du Consul Bonaparte, etc.

26. Les Chemises rouges, ou Mémoires pour servir à l'histoire du règne des Anarchistes (Par A.-J.-T. Bonnemain). *Paris*, an VII (1799) : 2 vol. in-12, *fig.*, brochés, *non rognés*.

Titres imprimés en rouge.

27. Chronique Scandaleuse : 5 volumes.

Vie privée du Cardinal Dubois, premier ministre, archevêque de Cambrai (par Ant. Mongez) *Londres*, 1789, *port.* (1re édition). — L'Espion dévalisé (par Baudouin de Guemadeuc). *Londres*, 1782. — Histoire d'un pou françois, ou l'Espion d'une nouvelle espèce, tant en France qu'en Angleterre (par Delauney). *Paris*, 1781. — Paris, Versailles et les provinces au XVIIIe siècle. Anecdotes sur la vie privée de plusieurs ministres, évèques, etc., sous le règne de Louis XV et de Louis XVI (par le Mis Dugust de Bois-Saint-Just). *Paris*, 1809, 2 vol. (*1re édition, avant les suppressions*).

28. Codes, Catéchismes, Calendriers, etc. : 9 volumes.

Code National ou loix décrétées par l'Assemblée Nationale. — Des Droits et des Devoirs du Citoyen, par M. l'abbé de Mably. *Kell*, 1789. — Le Porte-feuille du Patriote. *s. l.*, an Ier. — Catéchisme français, républicain, par un sans-culotte français. *Paris*, an II. — Le Manuel républicain. *Paris*, an VII. — Le Calendrier républicain, poème, par Cubières. *Paris*, an VII. — etc.

29. COLLECTION COMPLÈTE des Tableaux Historiques de la Révolution Française, en trois volumes. *Paris, Auber, (Imp. de P. Didot)*, an XI-1802, 3 vol. gr. in-fol., veau raciné, dos ornés, tr. dor. *(Rel. anc.)*.

Edition la plus complète, renfermant *3 front., 153 planches et 66 portraits*.

30. **Confédération** Nationale ou récit exact et circonstancié de tout ce qui s'est passé à Paris, le 14 Juillet 1790, à la Fédération, avec le recueil de toutes les pièces officielles. *Paris, Garnery*, an II, in-8, *fig.*, cart., *non rogné*.

> Avec 5 planches hors texte gravées. Transposition de pages au dernier cahier.
> On a joint : Description fidelle de tout ce qui à précédé, accompagné et suivi la cérémonie de la Confédération nationale, du 14 juillet 1790, in-8, *figures*. — et 6 autres brochures sur le même sujet.

31. **Confessions** générales des Princes du sang royal, auteur de la Cabale aristocratique. *A Aristocratie*, 1789, *figure* — Acte de contrition de MM. les Gardes du Corps de S. M. Louis XVI, ou les Cartes rabattues. *Londres*, 1789, *figure*. — La France libre, seconde édition (par C. Desmoulins). *S. l.*, 1789. — Ens. 3 vol. in-8, demi-rel.

32. **Constitution** française, présentée le 3 sept. 1791, et acceptée par le roi, les 13 et 14 du même mois. *Nancy, Leclerc*, 1791, petit in-12, mar. rouge, dos orné, bord. et médaillon en mos. de mar. vert, tr. dor. (*Rel. anc.*).

> Joli exemplaire, portant l'étiquette de *Dufey fils, relieur à Nancy*.

33. **La Constitution** françoise, décrétée par l'Assemblée nationale constituante aux années 1789, 1790 et 1791, acceptée par le roi le 14 sept. 1791. *Paris, de l'imp. de Didot*, 1791, in-32, *fig. et carte*, mar. rouge, fil., tr. dor. (*Rel. anc.*)

> On a joint : Constitution de la République française, représentée par figures gravées par F. A. David. *Paris, David*, An VIII, in-18, 7 *fig.*, veau anc., tr. dor. — Constitution française et acceptation du Roi. *Dijon*, 1791, in-18, veau marb., dos orné, fil. tr. dor. (*Rel. anc.*). — etc.
> Ens. 5 volumes.

34. **Correspondance** de Louis-Philippe-Joseph d'Orléans, avec Louis XVI, la Reine, Montmorin,

Liancourt, Biron, La Fayette, etc. Publiée par
L. C. R. *Paris*, 1800, in-8, *port.*, broché. — Scan-
dales de S. A. S. Mgr le duc d'Orléans, par Publius.
1789, in-8, de 22 pp.

35. **Correspondance** d'un Habitant de Paris avec
ses amis de Suisse et d'Angleterre sur les évène-
mens de 1789, 1790 et jusqu'au 4 avril 1791 (par le
Cte F.-L. d'Escherny). *Paris*, 1791. — Lettre à un
ami, ou considérations politiques, philosophiques
et religieuses sur la Révolution française (par L.-C.
de St Martin). *Paris*, an III. — Ens. en 1 vol.
in-8, bas raciné.

36. **Les Crimes** des rois de France, depuis Clovis
jusqu'à Louis XVI, par Louis Lavicomterie.
Nouv. édit. aug. des derniers crimes de Louis XVI.
Paris, 1792, 5 *fig.* — Les Crimes des Reines de
France depuis le commencement de la Monarchie
jusqu'à Marie-Antoinette, publiés par L. Prudhomme. *Paris*, 1791, 5 fig. — Ens. 2 vol. in-8,
rel.

37. **Dauban**. La Démagogie en 1793 à Paris, ou Histoire, jour par jour, de l'année 1793. — Paris en
1794 et en 1795. Histoire de la Rue, du Club, de la
Famine. — *Paris, Plon*, 1868-1869. Ens. 2 vol. gr.
in-8, *fig.*, relié, *non rogné*, et broché, *couv. imp.*

On a joint : *Des Étangs* (A.). Le Suicide politique en
France depuis 1789 jusqu'à nos jours. *Paris, Masson*,
1860, in-8, broché, *couv. imp.*

38. **Desmoulins** (Camille). Opuscules de l'an Premier de la Liberté (La France Libre ; J.-B. Bris-
sot démasqué : Discours de la Lanterne aux Pari-
siens, etc.). *Paris*, an 1er. — Le Vieux Cordelier.
An II, 7 n^{os} (*complet*). — Ens. 13 pièces en 2 vol.
in-8, *figure*, reliés.

On a joint : Lettres bougrement patriotiques du véritable
père Duchêne (par Lemaire), 1790. 50 lettres en 1 vol. —

Le Courrier de Paris dans les Provinces et des Provinces à Paris, par M' Gorsas. Du 1ᵉʳ au 31 déc. 1789. 1 vol. — Ens. 2 vol. in-8, demi bas.

39. Révolution de France et de Brabant (par Camille Desmoulins). 1789-1791. 78 numéros en 6 vol. in-8, *fig.*, veau.

Exemplaire contenant 65 figures. — Manque les nᵒˢ 14, 15, 16, 21 et 23). — Le tome II est en reliure différente.

40. Dictionnaire des Jacobins vivans, dans lequel on verra les hauts faits de ces messieurs. *Hambourg*, 1799, in-12, de 192 pp., *front.*, demi-rel. chag. lavall., *non rogné*.

41. Dubroca. La Vie de Toussaint-Louverture, chef des noirs insurgés de Sᵗ Domingue. *Paris*, 1802, in-8, *port. par Bonneville*, demi-rel., *non rogné*.

42. Du Rozoir (Ch.). Le Dauphin, fils de Louis XV, et père de Louis XVI et de Louis XVIII, ou Vie privée des Bourbons, depuis le mariage de Louis XV jusqu'à l'ouverture des Etats-Généraux. *Paris*, 1815, *port.* — Testament de Louis·XV. Paris, 1789. — *Proyart* (l'abbé). Louis XVI détrôné avant d'être roi ou Tableau des causes nécessitantes de la Révolution française et de l'ébranlement de tous les trônes. *Londres*, 1800. — Ens. 3 vol. in-8, brochés.

43. Emigrés. Réunion de 5 vol.

Le Commissionnaire de la ligue d'Outre-Rhin, ou le Messager nocturne, (Par le Gᵃˡ Doppet). *Paris, Buisson*, 1792, in-8, broché, *non rogné*. — Almanach des Emigrans. *Coblentz, de l'imp. des Princes*, 1792, in-12, *front.*, demi-rel. chag., *non rogné*. — Correspondance originale des Emigrés, ou les Emigrés peints par eux-mêmes. *Paris, Buisson*, 1793, 2 parties en 1 vol. in-8, *fig.*, demi-rel. *Ex. contenant le portrait du Dauphin Louis XVII, armé de pied en cap. (Signe de ralliement des Chevaliers du Poignard). Rare.* — Défense des Emigrés Français, adressée au peuple français, par T.-G. de Lally-Tolendal. Les Emi-

grés justifiés, ou Réfutation de la réponse de M. Leuliete
à M. Lally-Tolendal, sur sa défense des émigrés par F.-T.-
D. *Paris*, 1797, 2 parties en 1 vol. in-8, demi-rel. — Le
Cte d'Artois, roi de Botani-Bay, à tous les fuyards, traitres,
proscrits de la France ; les Adieux de Mme la C^sse d'Artois
à la Nation. *Paris, s. d.*

44. **L'Espion** anglais ou Correspondance secrète
entre Milord All'eye et Milord All'ear. Nouv. édit.,
revue, corrigée et consid. augmentée (par Pidansat
de Mairobert). *Londres*, 1784-1785, 10 vol. in-8,
demi-rel. chag. lavall., *non rogné*.

45. **Etrennes** à la Vérité, ou Almanach des Aristocrates, orné de 2 gravures en taille-douce et allégorique, pour la présente année, seconde de la
Liberté, 1790. *A Spa, chez Clairvoyant* ; in-8,
2 fig., demi-rel., *non rogné*.

> Pamphlet violent contre le roi, la reine, la noblesse, le
> clergé, etc... avec des notes sur tous les représentants de
> la Commune. — *Ex. avec les 2 figures qui manquent sou-
> vent.*

46. **Etrennes** aux Grisettes pour l'année 1790, in-8,
de 36 pp., *fig.* — Motion en faveur des femmes,
par M. Dumas ainé. *Lons-le-Saulnier*, 1789, in-8,
de 7 pp. — Ens. 2 plaquettes reliées.

47. **Fastes** de la République Françoise. Ouvrage
orné de gravures d'après les dessins de Monnet, etc.
Paris, Louis, 1793, 2 vol. in-12, *fig.*, demi-rel. mar.
rouge, dos ornés, têtes dor., *non rognés*.

> *Papier vélin.* —4 figures de *Monnet.*

48. **Femmes de la Révolution.** 5 volumes.

> *Dubroca.* Les Femmes célèbres de la Révolution. *Paris*,
> 1802, in-12, *port.* — Lettres autographe de Mme Roland,
> adressées à Bancal-des-Issarts, publiées par Mme H. Ban-
> cal-des-Issarts. *Paris, Renduel*, 1835, in-8. — *Du Bois*
> (Louis). Charlotte Corday. Essai historique offrant enfin
> des détails authentiques sur la personne et l'attentat de
> cette héroïne. *Paris*, 1838, in-8, *port.* — *Huard* (A.). Mé-
> moires sur Charlotte Corday. *Paris*, 1866, in-12. — *Pel-*

— 14 —

let (N.). Etude hist. et biog. sur Théroigne de Méricourt. *Paris, Quantin*, 1886, in-12, *port. Tirée à 300 ex. sur papier vergé.*

49. Feuillet de Conches. Louis XVI, Marie-Antoinette et Madame Elisabeth. Lettres et documents inédits publiés par F. Feuillet de Conches. *Paris, Plon*, 1864-1873, 6 vol., *port.* — Correspondance inédite de Marie-Antoinette, publiée par le comte P. Vogt d'Hunsolstein. *Paris, Dentu*, 1864, 1 vol. — Ens. 7 vol. in-8, brochés, *couv. imp.*

50. La Fin du xviiie siècle ou anecdotes curieuses et intéressantes... pour servir à l'Histoire de la République française, etc. Nouv. édit. très soignée (par Ant. Sericys et J.-F. André). *Paris*, 1805 et 1806, in-8, demi-rel.

51. Frère Bonaventure et la Belle Angélique, marchande de poissons, poème tragi-comique en 8 chants. *Paris*, 1793, in-8, *fig.*, veau raciné.

> Jolie figure par *Blanchard. Rare.* — Dans le même volume : La France libre, poème sur la Révolution actuelle de ce royaume, par M. Robbé. *Paris*, 1791.

52. La Galerie des Etats-généraux (par le Mis de Luchet, Rivarol, Mirabeau et Choderlos de Laclos) 1789, 2 parties en 1 vol. rel. — La Galerie des Dames françoises pour servir de suite à la Galerie des Etats Généraux, par le même auteur. *Londres*, 1790, broché. — Ensemble 2 vol. in-8.

> Le Ier vol. contient également : *Lanterne magique nationale*, et 3 autres opuscules.
> On a joint : La Lanterne magique républicaine, juillet 1790, in-8, demi-bas.

53. Gazette anecdotique du Règne de Louis XVI. Portefeuille d'un Talon-Rouge. — Le Directoire. Portefeuille d'un Incroyable. — Publiés par R. de Parnes, avec préfaces par G. d'Heylli. *Paris, Rouveyre*, 1880-1881, 2 vol. in-8, *fig.*, brochés, *couv. ill.*

> Tirés à petit nombre sur *papier vergé.*

54. Grasset Saint Sauveur. Costume des Représen-
tans du Peuple français. Membres des deux
Conseils, du Directoire exécutif, des Ministres,
des Tribunaux, des Messagers d'Etat, Huissiers et
autres fonctionnaires publics. *Paris, Deroy*, 1796,
in-8, veau rouge (*Rel. anc.*).

> Recueil rare, orné de 1 front. et 15 planches de Costumes
> dess. par *Grasset Saint Sauveur*, gravés par *Labrousse*,
> et **coloriées** avec soin à l'époque.

55. Histoire curieuse et véritable des Enrichis de la
la Révolution ; Liste des principaux et leur commerce secret. *Paris, an VI*, 1798, in-8, *figure*,
demi-rel., *non rogné*. — **Cassandre**, ou quelques
réflexions sur la Révolution française et la situa-
tion actuelle de l'Europe. *Au Caire et à Paris*,
juillet 1798, in-8, *figure*, broché.

56. Histoire de France, pendant trois mois, ou relation exacte, impartiale, et suivie des événemens
qui ont eu lieu à Paris, à Versailles et dans les
Provinces, depuis le 15 mai jusqu'au 15 août 1789.
Par le cousin Jacques (L.-A. Belfroy de Reigny).
Paris, 1789. — Testament d'un Electeur de Paris,
par L.-A. Belfroy Reigny (dit le cousin Jacques).
Paris, an IV, *port.* — Ens. 2 vol. in-8, demi-rel.,
non rognés.

57. Histoire de la Révolution. Réunion de 5 ouvrages en 10 vol. in-12 et in-8, reliés et cartonnés.

> *Pagès*. Hist. secrète de la Révolution Française, depuis
> la convocation des notables jusqu'à ce jour. *Paris*, 1797,
> 2 vol. — *Le Comte* (P.-C.). Mémorial, ou journal histor.,
> impartial et anecdotique de la Révolution de France.
> *Paris*, 1801, 2 vol., *front. allég. sur Bonaparte*. — Ta-
> bleau historique et chronologique de la Révolution de
> France, par un ancien militaire. *Paris*, 1804. — Essai hist.
> et critique sur la Révolution française. 2e édit. aug. Par
> M. P. P. *Paris, Panckoucke*, 1815, 3 vol. — *Mignet*. His-
> toire de la Révolution française, depuis 1789 jusqu'en 1814.
> *Bruxelles*, 1833, 2 vol.

58. Histoire des Tuileries, du Temple, et des événemens qui y ont eu lieu pendant la Révolution, contenant en outre des détails secrets sur le Tribunal Révolutionnaire et la Conciergerie. *Paris*, 1829, in-8, *fig.*, cart., dos velin, *non rogné*.

Rare.

59. Histoire du Directoire exécutif de la République Française, depuis son installation jusqu'au 18 brumaire (par P.-Fr. Henry). *Paris*, 1801, 2 vol. in-8, demi-rel. — **Danican** (A.). Les Brigands démasqués, ou Mémoires pour servir à l'histoire du Temps présent. *Londres*, 1796, in-8, *port. de Barras*, broché.

60. Histoire secrète de la Cour de Berlin, ou correspondance d'un voyageur français, depuis la moitié de juillet 1786 jusqu'au 19 janv. 1787. Ouvrage posthume (par le comte de Mirabeau). *S. l.*, 1789. 2 vol. in-8, demi-rel. veau marb., dos ornés, *ébarbés (Edition originale, rare)*. — Histoire secrette de Coblence, dans la Révolution des Français (par Rocques de Montgaillard, revue par A. Rivarol). *Londres*, 1795, in-8, cart., *non rogné*.

61. Histoire secrète du Tribunal Révolutionnaire. Par M. de Proussinalle (P. J. Alex. Roussel). *Paris, Lerouge*, 1815, 2 vol. in-8, brochés, *non rognés*.

On a joint : *Vilate*. Causes secrètes de la Révolution du 9 au 10 Thermidor. *Londres, s. d.*, in-8, veau.

62. Hommes politiques : 6 vol. in-8, brochés, et reliés, non rognés.

Bougeart (A.). Danton. Documents authentiques pour servir à l'histoire de la Révolution française. *Paris et Bruxelles*, 1861, 2 vol.; *portrait par Bonneville, ajouté.* — *Robinet* (Dr). Danton. Mémoire sur sa vie privée. *Paris, Chamerot*, 1865. — *Claretie* (J.). Camille Desmoulins, Lucile Desmoulins. Etude sur les Dantonistes. *Paris, Plon*, 1875, *port.* — *Vissac* (Marc de). Un Conventionnel du Puy-de-Dome. Romme le Montagnard. *Clermont-Ferrand*, 1883. — *Montier* (A.). Robert Lindet, député à l'Assemblée Législative et à la Convention, etc. Notice biographique. *Paris, Alcan*, 1899, *port. (Ex. sur pap. de hollande)*.

63. Instruction pour les Gardes Nationales, arrêtée par le Comité Militaire et imprimée par Ordre de l'Assemblée Nationale du 1er janv. 1791. *Paris, Imp. Nationale*, 1791, 2 parties en 1 vol., in-8, *planches*, dérelié.

17 planches, dont 4 de *Costumes Militaires*.

64. Jaime. Musée de la Caricature en France, ou Histoire pittoresque de la sagesse, de la malice et de la gaieté, pour servir de complément à toutes les collections de mémoires. *Paris*, 1835, 2 tomes en 1 vol. in-4, demi rel. chag. rouge avec coins, dos orné, *non rogné*.

Texte et 188 planches (sur 226) en noir et coloriées, sans titres, ni tables. Le titre a été remplacé par une couverture de livraison.
Bel exemplaire.

65. JANINET. Gravures historiques des principaux événements depuis l'ouverture des Etats-Généraux. *Paris*, 1789-1791, in-8, *fig.*, veau gris, fil., dent. int., tr. dor.

52 figures de *Janinet* à la manière noire accompagnées de descriptions imprimées. Rare.

66. Justification de M. de Favras, prouvée par les faits et par la procédure. *Paris*, 1791, 2 t. en 1 vol., *port.* — *Louvet* (J.-B.). Quelques notices pour servir l'histoire, et le récit de mes périls depuis le 31 mai 1793. *Paris*, an III. (*Titre restauré*). — Journal de l'Adjudant général Ramel, l'un des déportés de la Guyane après le 18 fructidor. *Londres*, 1799, *port.* — Ens. 3 vol. in-8, demi rel.

67. Lafitte. Les Douze Mois de l'Année Républicaine. Suite de 12 pièces dessinées par Lafitte,

gravées par Tresca. *A Paris, chez l'auteur, s. d.,*
in-fol., cart., dos chag. vert.

Suite de 12 belles compositions allégoriques, représentant les 12 mois de l'année républicaine. Belles épreuves.

68. Lamballe (P^{sse} de). — **Mémoires** historiques de
Marie-Thérèse-Louise de Carignan, princesse de
Lamballe, une des principales victimes immolées
dans les horribles journées des 2 et 3 sept. 1792;
publiées par Mme Guénard. *Paris*, 1801, 4 vol. petit
in-12, *port. et 3 fig.*, demi bas.

On a joint : *Guérin* (E. L.). La Princesse de Lamballe
et Mme de Polignac, chroniques des Tuileries. *Paris*. 1845,
2 t. en 1 vol. demi rel. — *Berlin* (G.). Madame de Lamballe, d'après des documents inédits. *Paris*, 1894, in-12,
broché, *couv. imp.*

69. — Le Bréviaire des jolies femmes ou Nouvelles
et poésies galantes trouvées manuscrites dans le
portefeuille de Mme la Princesse de Lamballe....
Paris, 1793, in-18, *front.*, veau marb., dos orné,
fil., tr. dor. *(Rel. anc.).*

Première édition.

70. Lebon (Joseph). Réunion de 4 ouvrages in-8,
reliés.

Les Secrets de Jos. Lebon et de ses complices, deuxième
censure républicaine, ou lettre d'A.-B.-J. Guffroy, à la
Convention Nationale et à l'opinion publique. *Paris*, an 3,
2 parties en 1 vol. — Procès de Joseph Lebon, recueilli
par la Citoyenne Varlé. *Amiens*, 2 t. en 1 vol. — La Lanterne magique, ou les grands conseillers de Jos. Le Bon,
représentés tels qu'ils sont. *Paris*, 1797. — Lettres de Jos.
Lebon à sa femme pendant les 14 mois de prison qui ont
précédé sa mort, avec une préface hist., par son fils Émile
Lebon. *Chalon-sur-Saône*, 1845.

71. Lequino. Les Préjugés détruits, seconde édition
revue et corrigée par l'auteur. *Paris*, 1793. —
Delacroix. Le Spectateur français pendant le
Gouvernement Révolutionnaire. *Paris*, an 3. —
Ens. 2 vol. in-8, demi rel., *non rognés*.

72. Le Livre Rouge ou Liste des pensions secrètes sur le Trésor public, contenant les noms et qualités des pensionnaires, etc. *De l'imp. royale*, 1790, 11 livraisons en 1 vol. in-8, demi rel.

> Ex. imprimé en rouge, bien complet.
> On a ajouté : Le Livre Rouge (publié par le Comité des Pensions). *Paris, Baudouin*, 1790, in-8, de 39 pp., et 8 pp. pour les additions, demi rel., *non rogné*. — Coup d'œil sévère, mais juste, sur le livre intitulé : « Le Livre rouge ». Réponse aux observations de M. Necker et de M. de Montmorin, relativement au Livre Rouge. *Paris*, 1790, in-8, broché.

73. Louis XVII. — Eckard. Mémoires hist. sur Louis XVII, roy de France et de Navarre ; suivis de fragmens hist. recueillis au Temple par M. de Turgy, etc. *Paris, Nicolle*, 1818, *port.*, broché, *non rogné*.

> Portraits de Louis XVII et de Marie-Thérèse.
> On a joint : Mémoires du duc de Normandie, fils de Louis XVI, écrits et publiés par lui-même. *Paris, juillet* 1831, in-8, *port.*, demi rel. veau, tr. marb. — Manifeste du Régent de France, Monsieur, frère du roi, qui déclare au Peuple français que le Dauphin est proclamé Roi de France et de Navarre, sous le nom de Louis XVII. *Ham et Paris*, 1793, in-8, de 8 pp.

74. Lyon. 4 volumes.

> Histoire du Siège de Lyon, des événemens qui l'ont précédé, et des désastres qui l'ont suivi... (depuis 1789) jusqu'en 1796). (Par l'Abbé Aimé Guillon). *Paris et Lyon*, 1797, 2 vol. in-8, *plan*, brochés, *non rognés*. — *Delandine*. Tableaux des Prisons de Lyon, pour servir à l'histoire de la tyrannie de 1792 et 1793. *Lyon*, 1797, in-12, *fig.*, demi rel. — Représentation des Costumes des différents ordres Religieux et Confréries de Lyon supprimés par la Convention Nationale 1792. Suite de 14 planches gravées et *coloriées*, en 1 vol. in-8, demi rel.

75. Manuel (Pierre). La Police de Paris dévoilée, par Pierre Manuel, l'un des Administrateurs de 1789. *Paris*, an II, 2 vol. in-8, *front. et tableaux*, demi-rel. chag. bleu avec coins, dos ornés, *ébarbés*.

> Livre recherché.

76. **Mareschal**. Imagerie de la Faïence française. Assiettes à emblèmes patriotiques comprenant la période révolutionnaire. 241 types lithographiés d'après les pièces originales et classés par ordre chronologique de 1750 et 1830. *Beauvais*, 1869, gr. in-8, demi rel. chag. rouge, dos orné, tête dor., *ébarbé*.

> On a joint : *G. Gouellain*. Céramique révolutionnaire. L'assiette dite à la Guillotine. *Paris, Jouaust*, 1872, petit in-4, *planche*, cart. — *Lecocq* (G.). Note sur un bénitier patriotique de l'époque révolutionnaire. *Paris*, 1880, in-8, *planche*.

77. **Marie-Antoinette. — Moreau.** Bibliothèque de Madame la Dauphine (Marie-Antoinette). N° 1. Histoire. *Paris*, 1770, in-8, *front. par Eisen*, demi rel. veau.

> Très beau front. par *Eisen* représentant la Dauphine Marie-Antoinette couronnée par les Grâces. — Rare.

78. — **Les Imitateurs** de Charles neuf, ou les Conspirateurs foudroyés. Drame en cinq actes et en prose, orné de cinq gravures. Par le Rédacteur des Vêpres Siciliennes et du Massacre de la S. Barthelemi. *Paris, de l'imp. du Clergé et de la Noblesse de France, dans une des cares ignorées des Grands Augustins*, 1790, in-8, *fig.*, veau jasp., tr. rouges.

> Violent pamphlet contre Marie-Antoinette, la duchesse de Polignac, le C.te d'Artois, le P.ce de Condé, etc. Orné de 5 curieuses figures gravées.
> Par l'abbé Gabriel Brizard.

79. — **Marie-Antoinette** dans l'Embarras, ou Correspondance de La Fayette avec le Roi, la Reine, la Tour-du-Pin et Saint-Priest. *S. l., n. d.* (1790), in-8, de 48 pp., *fig. libre*, demi rel, *non rogné*.

> Rare.

80. — **Procès** criminel de Marie-Antoinette de Lorraine, Archiduchesse d'Autriche, condamnée à mort et exécutée sur la place de la Révolution le

25ᵉ jour de vendémiaire..., suivi de son testament et de sa confession dernière. *Paris*, an II, in-8, de 116 pp., fig., demi rel. chag. brun.

> Figure de *Louvion*, représentant Marie-Antoinette sur l'échafaud.

81. — **Histoire** de Marie-Antoinette-Josephe-Jeanne de Lorraine, archiduchesse d'Autriche, reine de France. Par l'auteur de l'éloge de Louis XVI (par Montjoye). *Paris*, 1797, in-8, *fig.*, veau racine, dos orné (*Rel. anc.*).

> *Première édition.* — Portrait ovale de Marie-Antoinette et 2 figures représentant la Reine dans sa prison et le plan de la chambre.
> On a joint : *Meslé* (J. B. M. J.). Vie de Marie-Antoinette. 2ᵉ édit. *Paris, Aubry, s. d.*, in-16, *port.*, cart., *non rogné*.

82. — **La Mort** de Marie-Antoinette d'Autriche, reine de France, tragédie en 5 actes et en vers. *Paris*, 1797, in-8, *port.*, demi bas.

> Portraits de Louis XVI et Marie-Antoinette en médaillon.
> On a relié dans le même vol. : Droits de la nature dans le cœur de l'homme libre, ou les mœurs régénérées dans l'ordre social, par Henriquez. *Paris*, an IV. — *Dorat*. Les Baisers, précédés du Mois de Mai. *Paris*, 1793.

83. — **Vie** de Marie-Antoinette-Josephe-Jeanne de Lorraine, archiduchesse d'Autriche, reine de France et de Navarre. *Paris, Capelle*, an X (1802), 3 vol. in-12, *port. et 2 planches*, demi rel. bas.

> Portrait de Marie-Antoinette, en ovale, et 2 planches donnant la représentation de 12 portraits (Louis XVI, le Dauphin, Marie-Thérèse, Lafayette, Mᵐᵉ de Lamballe, etc.).

84. — **Marie-Antoinette.** Réunion de 5 ouvrages.

> Essais historiques sur la vie de Marie-Antoinette. Première partie. *Versailles, chez la Montensier*, an 11, petit in-12, *port. et 4 fig.*, demi-rel. chag. bl., coins, dos orné, *non rogné. (Le portrait est restauré et doublé).* — Essai historique sur la vie de Marie-Antoinette. IIᵉ partie. S. l., n. d. (*Ex. sans titre*); in-8, demi-rel., *non rogné.* — Mémoires de Mˡˡᵉ Bertin sur la Reine Marie-Antoinette. *Paris*

el Leipzig, 1824, in-8, demi-bas. *(Rare).* — Correspondance inédite de Marie-Antoinette, publiée par le Cte P. Vogt d'Hunolstein. 2e édit. *Paris*, 1864, in-8, demi bas — Avenel (G.). La vraie Marie-Antoinette. *Paris, s. d.*, in-18, demi rel.

85. — **Goncourt** (Ed. et J. de). Histoire de Marie-Antoinette. Édition ornée d'encadrements à chaque page par Giacomelli et de 12 planches hors texte. *Paris, Charpentier*, 1878, in-4, *fig.*, broché, *couv. ill.*

> Premier tirage.

86. **Le Martirologue** National (par Suleau, Bertin d'Antilly et autres). 1790, 24 nos en 1 vol. in-8, veau raciné.

> Journal satirique rare. Ex. complet.

87. **Le Martirologe**, ou l'Histoire des Martyrs de la Révolution (par J.-G. Peltier). *Coblentz et Paris*, 1792, in-8, *3 fig.*, demi rel., *ébarbé.*

> Rare. Bel exemplaire.

88. **Les Masques** arrachés ou Vies privées de L. E. Henri Vander-Noot et Van Eupen, de S. E. le Cardinal de Malines et de leurs adhérens, par Jacques le Sueur, (Robineau) espion honoraire de la police de Paris. *Londres*, 1790, 2 vol. in-16, cart., dos velin vert, *non rognés.*

> Libelle rempli de calomnies et d'obscénités.

89. **Mémoires** d'un Prêtre régicide (par D.-A. Martin). *Paris*, 1829, 2 vol. in-8, *fac-simile*, demi rel. chag. brun, *non rognés.*

> Bel exemplaire d'un ouvrage rare. Le personnage dont ce livre retrace les intéressants souvenirs serait Monnel, l'un des curés qui passèrent avec Grégoire et Brousse, du côté du Tiers-État, à la Constituante.

90. **Mémoires** d'une Contemporaine, ou Souvenirs d'une Femme sur les principaux personnages de la République, du Consulat et de l'Empire, etc. (Ida

de Saint-Elme). 3ᵉ édit. *Paris, Ladvocat,* 1828,
8 vol. in-8, *port.*, veau raciné, dos ornés, tr. marb.
(*Rel. anc.*).

91. Mémoires de l'exécuteur des hautes-œuvres
pour servir à l'histoire de Paris pendant le règne
de la Terreur, publiée par A. Grégoire (Lombard
de Langres). *Paris,* 1830, in-8, demi rel. chag.
noir, *non rogné.*

92. Mémoires du Cᵗᵉ de Maurepas, ministre de la
Marine. Seconde édit. Avec 11 caricatures. *Paris,*
1792. 4 t. en 2 vol., *fig.* (Piqûre de ver au tome IV)
— Vie privée et politique de L.-F.-J. de Conti,
prince du Sang. Par J. P**** *Turin,* 1790, *port.* —
Vie privée et ministérielle de M. Necker, directeur-
général des Finances. Par un Citoyen. *Genève,*
1790, *port. ajouté.* — Ens. 4 vol. in-8, reliés et
brochés.

93. Mémoires du duc de Lauzun (1747-1783), publiées pour la première fois avec les passages
supprimés, etc., par L. Lacour. *Paris, Poulet-
Malassis,* 1858, in-12, demi-rel. chag. rouge.

> *Rare.*
> On a joint : *Goncourt.* Hist. de la Société Française
> pendant la Révolution. 3ᵉ édit. *Paris,* 1864, in-12, demi-
> rel. — *Rambaud* (A.). Hist. de la Révolution Française,
> 1789-1799. *Paris,* 1883, in-12, *fig.,* demi-rel., *non rogné.* —
> *Sorel* (A.). Stanislas Maillard, l'homme du 2 sept. 1792.
> *Paris,* 1862 ; *Brunet* (Ch.). Marat, dit l'ami du peuple.
> *Paris,* 1862. 2 ouv. en 1 vol. in-12., *port.,* demi-rel.

94. Mémoires du général Dumouriez, écrits par lui-
même. *Londres et Paris,* 1794, 3 parties en 1 vol.
in-8, *port. par Bonneville,* demi rel. — Vie de
Lazare Hoche, général des armées de la République Française, par Alex. Rousselin. *Paris,* an VI,
2 vol. in-8, *port. et 3 pl.,* veau anc. — Recueil
des interrogatoires subis par le général Moreau.
Paris, an XII, in-8, broché. — Ens. 4 vol.

95. Mémoires sur la Convention de 1792 à 1796. Réunion de 17 pièces en 1 vol. in-8, bas. anc.

Compte rendu par J. Pétion à ses concitoyens. — Les Aventures du petit Gouly, suivies de sa promenade, de sa confession et de sa mort arrivée le même jour. — Les Crimes de Joseph Lebon et de ses agens, ou idées sur les horreurs des prisons d'Arras. — Plaidoyer dans le procès du Comité révolutionnaire de Nantes, par le C^{en} Villenave. — Grande dispute au Panthéon entre Marat et J.-J. Rousseau, etc.

96. Mirabeau. Réunion de 6 vol. in-8 et in-12, reliés.

Pithou. Abrégé de la vie et des travaux de M. Mirabeau. *Paris et Maestricht*, 1791, *beau portrait.* — Vie publique et privée de H.-G. Riquetti, Cte de Mirabeau. *Paris*, 1791. — Des Lettres de Cachet et des Prisons d'Etat (par le comte de Mirabeau). *Hambourg*, 1782. — Chefs-d'œuvre oratoires de Mirabeau. *Paris*, 1822, 2 vol. — *Gastineau* (B.). Les Amours de Mirabeau et de la marquise de Monnier. *Paris, Hetzel, s. d.* — Facéties du vicomte de Mirabeau, A *Côte-Rôtie, de l'imp. de Boivin, s. d.*, 2 parties en 1 vol. *figure.*

97. Moreau (le G^{al}). Recueil des interrogatoires subis par le général Moreau. *Paris*, an XII, in-8. — *Vouziers* (de). Moreau, général en chef de l'armée française ; sa vie, ses exploits militaires, etc. *Paris, Tige*, *s. d.*, in-8, *port.* — Vie de Victor Moreau, général en chef de l'armée du Rhin et Moselle, suivie de celle de G. Cadoudal, et de MM. Armand et J. de Polignac. *Paris, Aubry, s. d.*, in-16, *portraits.* — Vie privée de G. Cadoudal. terminée par une complainte des plus intéressantes ; in-12, de 24 pp.

98. Moussard (P.). La Libertéide, ou les Phases de la Révolution Française. Tableaux héroïlyriques, avec des notes historiques et politiques. *Paris*, 1802, in-8, *port. et fig.*, cart., dos vélin v., *non rogné.*

99. Naissance de très haute, très puissante et très désirée Madame Constitution, comédie héroï-comicolyrique en 3 actes, représentée aux Tuilleries, par les célèbres comédiens de la Patrie. *De l'imp. constitutionnelle*, 1790, *figure*. — **Changement** de Décoration, ou vue perspective de l'Assemblée Nationale des Français. Ouvrage unique et impartial, enrichi de portraits gravés d'après nature. *Au Champ de Mars, de l'imp. des Confédérés*, l'an 2 des horreurs populaires, *4 figures (curieux ouvrage imprimé en rouge)*. — Ens. 2 vol. in-8, cart., *non rognés*.

100. **L'Orateur** des Etats Généraux pour 1789 (par Carra). 1789, *fig*. — Sur la forme d'opiner aux Etats Généraux, par M. l'Evêque duc de Langres, 1789. — Le Règne du prince Trop-Bon, dans le royaume des fols. *Paris*, 1792. — Des Assassinats et des vols politiques, ou des proscriptions et des confiscations, par G.-T. Raynal, 1795. — Richer-Serisy au Directoire. *Rouen*, an VI. — Ens. 5 brochures in-8.

101. **Peltier** (J.). Dernier Tableau de Paris, ou Récit hist. de la Révolution du 10 août 1792, des causes qui l'ont produite, des événemens qui l'ont précédée et des crimes qui l'ont suivie. *Londres, Elmsly*, 1793, 2 vol. in-8, *port.*, demi-rel., *non rognés*.

> Portraits de Louis XVI et de Louis XVII.
> On a joint ; *Regnaud, de Paris*. La Journée du 10 août 1792. *Paris*, 1795, 2 t. en 1 vol. in-8, cart. anc.

102. **Petit Journal du Palais Royal**, ou affiches, annonces et avis divers (par de La Reynie de La Bruyère). *Au Palais Royal*, 1780, 6 numéros en 1 vol. in-8, demi-rel.

> Journal rare, complet. Très hostile à la Reine, très obscène ; le n° 6 est très rare.

103. **Prières** pour les Aristocrates agonisans, avec l'office des morts et les litanies de la lanterne. *Paris*, 1790, *figure*. — La Flutte et le Tambour ou

le bon temps revenu, dédié à la Fédération générale du 14 juillet 1790. *Paris, s. d., fig. coloriée.*
— La bonne Mignature ou Mémoire paliatif des
torts attribués à l'Assemblée Nationale, rédigés
d'après les notes et mémoires des Enragés. *S. l.,1790,
fig. coloriée.* — Les Souffrances, le testament, la
mort et l'enterrement du Parlement. *A Paris, chez le
suisse de M. Bailly, s. d., fig. coloriée.* — Galerie
des aristocrates militaires et mémoires secrets (par
Dumouriez). *Londres et Paris,* 1790. — Recueil
du Bulletin des couches de Me Target ; Mort,
Testament et Enterrement de Me Target, *S. l.,*
1790. — Ens. 6 vol. in-8, demi-rel.

104. **Principaux** événemens de la Révolution, et
notamment de la Semaine Mémorable, représentés
par 12 figures en taille douce, avec un précis historique (par Ducray-Duminil). *Paris,* an II, in-8,
fig., cart., *non rogné.*

> 12 jolies figures de *Binet,* gravées par *Berthet.* Mouil-
> lures et quelques restaurations.

105. **Prisons. — Nougaret** (P. J. B.). Histoire des
Prisons de Paris et des Départemens ; contenant
des Mémoires rares et précieux, le tout pour servir
à l'histoire de la Révolution Française. *Paris,*
1797, 4 vol. in-12, *fig.,* demi rel., *non rognés.*

> 8 figures par *Blanchard.*
> On a joint : Tableau des Prisons de Paris, sous le règne
> Robespierre. *Paris,* an III, in-16, *front.,* demi rel. chag.,
> *non rogné.* — Les Angoisses de la Mort, ou Idées des
> horreurs des Prisons d'Arras, in-8, cart. — Les Souvenirs
> d'un jeune prisonnier ou Mém. sur les Prisons de la
> Force et Duplessis. *Paris,* an 3e, in-8.

106. **Procédure** criminelle, instruite au Châtelet
de Paris, sur la dénonciation des faits arrivés à
à Versailles dans la journée du 6 oct. 1789, imprimée par ordre de l'Assemblée Nationale. *Paris,*
1790, 2 part. en 1 vol. in-8, demi rel.

107. Procès et Mort de Louis XVI. 4 volumes.

> Collection des Meilleurs ouvrages qui ont été publiés pour la défense de Louis XVI, roi des Français; rédigée par A. J. Dugour. *Paris*, 1796, 2 t. en 1 vol. in-8, demi rel. *Portrait de Louis XVI et 1 figure représentant son Exécution*. — Convention Nationale. Défense de Louis, prononcée à la Barre de la Convention Nationale, le 26 déc. 1792, par le citoyen Desèze. *Paris, Imp. Nationale*, 1792. — Liste comparative des cinq appels nominaux faits dans les séances des 15 au 19 janv. 1793 sur le Procès et le Jugement de Louis XVI. *Paris*, 1793, in-8, broché. — *Vinck d'Orp* (B^{on} de). Le Meurthe du 21 janvier 1793. *Paris, C. Lévy*, 1877, gr. in-8, *fig.*, broché, *couv. imp.* (Ex. sur *pap. de hollande*).

108. — La Passion et la mort de Louis XVI, roi des Juifs et des Chrétiens. *A Jérusalem*, 1790, *figure*. — Résurrection de Louis XVI, roi des Juifs et des françois. *A Jérusalem, mai* 1790, *figure*. — Ens. en 1 vol. in-8, demi rel., *non rogné*.

> Rare.

109. Procès des Bourbons, Louis XVI, Marie-Antoinette, Elisabeth et Philippe d'Orléans. (Par Turbat, du Mans). *Hambourg et Paris*, 1789, 2 vol. in-8, *fig.*, demi rel. vélin.

> Orné de 9 figures hors texte : portraits de *Louis XVI, Marie-Antoinette, le Dauphin, etc.*

110. Prudhomme. Révolutions de Paris, dédiées à la Nation, publiées par le sieur Prudhomme. *Paris*, 1789-1793, 17 vol. in-8, *135 figures et 86 cartes*, veau marb., dos ornés, tr. rouges (*Rel. anc.*).

> On a joint un volume séparé de cet ouvrage relié en veau et *portant au dos le fer de la Bastille*.

111. Rabaut (J. P.). Précis historique de la Révolution française. Ouvrage orné de gravures d'après les dessins de Moreau. Seconde édition. *Paris et Strasbourg*, 1792, in-12, *fig.*, demi-rel., mar.

rouge, dos orné, tête dor., *non rogné*. (*Belz-Nie-drée*).

> 6 jolies figures de *Moreau*.
> On a joint : *Lacretelle*. Précis historique de la Révolution Française. Convention Nationale ; le Directoire exécutif. *Paris, Didot*, 1806, 4 vol. in-18, *fig.*, veau marb., dos orné, petite dent., tr. dor. (*Rel. anc.*). 8 figures de *Duplessis-Bertaux*.

112. Rapport fait à la Convention Nationale sur l'héroïsme des Républicains, montant le vaisseau *Le Vengeur*, par Barère. An 2, in-32, de 27 pp., broché. — Essai hist. et patriotique sur les arbres de la Liberté. *Paris*, An II, in-18, broché. — Campagne des Français depuis le 8 sept. 1793, jusqu'au 15 pluviose an III. *Paris*, an III, in-12, *front.*, cart.. *non rogné*. — Guillotin et la Guillotine, par A. Chereau. *Paris*, 1870, in-8, demi rel., *non rogné*.

113. Recueil d'hymnes civiques, imprimés par ordre de la Commission Temporaire de Surveillance Républicaine, à Commune-Affranchie, pour être distribués à leurs frères les Sans-Culottes: *A Commune-Affranchie, de l'imp. républicaine*, an II, in-18, veau bleu, fil., emblèmes sur les plats, tr. dor. (*Rel. anc.*).

> Joli exemplaire. — Frontispice et portraits de *Marat* et *Lepelletier S* *Fargeau*, en médaillons. Jolies pièces ajoutées, très rare.

114. Recueil des Portraits des Ministres et Députés au Congrès de Rastadt, en 1797, 1798, et 1799. *Basle*, 1799-1802, in-4, *port.*, cart. anc.

> Recueil renfermant 24 portraits gravés par *Guérin*, d'après *F. Hof*, tirés en bistre, **avant la lettre**. Très rare.

115. Le Rendez-vous de Madame **Elisabeth,** sœur du Roi, avec l'abbé de S* Martin, aumonier de la Garde Nationale, dans le Jardin des Tuile-

ries. *Paris, de l'imp. de la F... Manie*, 1790, in-8,
de 24 pp., veau jasp., non rogné.

Violent pamphlet orné de 2 figures libres.

116. Renouvier (G.). Histoire de l'Art pendant la
Révolution considérée principalement dans les
estampes. *Paris, Renouard*, 1863, in-8, demi rel.
mar. rouge, dos orné, tête dor., *non rogné*.

On a joint : *Blondel* (Spire). L'Art pendant la Révolution.
Beaux-Arts, arts décoratifs. Ouvrage orné de 48 gravures.
Paris, Laurens, s. d., in-8, *fig.*, cart. de l'édit. — *Jauffret*.
Le Théâtre révolutionnaire (1788-1799). *Paris*, 1869, in-12,
broché, *couv. imp.* — *Welschinger* (H.). Le Théâtre de la
Révolution 1789-1799. *Paris*, 1880, in-12, broché, *couv.
imp.*

117. Retif de la Bretonne L'Année des Dames
nationales, ou Kalendrier des Citoyénes : Histoire,
jour par jour, d'une Femme de la République
française. *Genève et Paris*, 1794, 12 vol. in-12, *fig.*,
demi rel. veau rouge.

Ouvrage curieux pour l'histoire des mœurs pendant la
Révolution; orné de 32 figures; l'une d'elle représente
l'exécution de *Charlotte Corday*.
Manque la figure de *Septembre*; par contre celle d'Oc-
tobre est en double.

118. Révolutions-Almanach von 1793 (-1802). —
Kriegs und Friedens-Almanach von 1803 (-1804).
— *Goltingen, H. Dieterich*, 1793-1804, 12 vol.
in-12, *fig. et port.*, demi rel. veau rouge, *non
rognés, couv. ill. conservées*.

Collection très rare. Bel exemplaire avec ses couver-
tures conservées, sauf à l'année 1803.

119. Robespierre. — Vie secrète, politique et
curieuse de M. J. Maximilien Robespierre,... suivie
de plusieurs anecdotes sur cette conspiration sans
pareille. *Paris*, an II, in-8, de 36 pp., veau gris,
non rogné.

Curieuse figure sur bois représentant la tête de Robespierre tenue par une main.

120. **Robespierre**. Réunion de 4 ouvrages.

Desessarts. Précis hist. des crimes et du supplice de Robespierre et de ses principaux complices. *Paris*, 1797, in-12, *port ajouté*, demi rel. chag. rouge, dos orné, tr. peig. *(Petit)*. — Rapport fait au nom de la Commission chargée de l'examen des papiers trouvés chez Robespierre et ses complices, par E. B. Courtois. *Paris*, an III, in-8, broché. — *Montjoie*. Hist. de la Conjuration de M. Robespierre. Nouv. édit. revue, corrigée et augm. *Paris*, 1801, 2 t. en 1 vol. in-16, demi ch., n. rogné, — etc.

121. **Sergent-Marceau**. Notices historiques sur le Général Marceau mort dans la Campagne de 1796, publiées par Sergent-Marceau. *Milan*, 1820, petit in-12, *port. et fig.*, broché, *non rogné*.

Très rare. Orné d'un portrait, d'une vignette au titre et 2 figures (sur 6), dess. et grav. par *Sergent-Marceau*.

122. **Société de l'Histoire de la Révolution Française**. — *Charavay* (Et.). Le Général Lafayette 1757-1834. Notice biographique. — *Mellié* (E.). Les Sections de Paris pendant la Révolution Française (12 mai 1790 — 19 vendémiaire an IV). Organisation, fonctionnement. — *Montier* (A.). Correspondance de Thomas Lindet pendant la Constituante et la Législative (1789-1792). — *Paris*, 1898-1899. Ens. 3 vol. in-8, *port. et pl.*, brochés, *couv. imp.*

Exemplaires sur **papier de Hollande**, non mis dans le commerce.

123. **Sorel** (A.). Le Chateau de Chantilly pendant la Révolution. *Paris, Hachette*, 1872, in-8, *fig.*, broché, *couv. imp.*

Ex. sur **papier vergé**.

124. **Souvenirs** d'un Page de la cour de Louis XVI, par Félix, Comte de France d'Hézecques. *Paris*, 1873. — *Mortimer Ternaux*. Les Massacres de Septembre 2-6 sept. 1792. *Paris, s. d.* — *Monseignat* (Ch. de). Un chapitre de la Révolution Française ou Hist. des Journaux de France de 1789 à

1799. *Paris*, 1878. — *Welschinger* (H.). Les Almanachs de la Révolution. *Paris*, 1884. — La Discipline aux armées 1794-1796. *Paris, s. d.*, in-12, *fig.* — *Pellet* (M.). Elysée Loustalot et les Révolutions de Paris (juill. 1789-sept. 1790). *Paris*, 1872. — Ens. 6 vol. in-12, brochés.

125. **Théâtre** (Pièces de) : 18 brochures in-8.

> Les Suspects et les fédéralistes, vaudeville en 1 acte par le C^en A. Martinville, 1795. — L'Attentat de Versailles ou la Clémence de Louis XVI. Tragédie. 1792. — La Journée des Dupes. Pièce tragi-politi-comique. 1790. — Nicodeme dans la Lune, ou la Révolution pacifique, folie en prose et en 3 actes, par le Cousin-Jacques, 1791. — Les Prisonniers à Liège. Comédie et fait historique en 1 acte et en prose, par C. J. Guillemain. — L'Ami des loix. Comédie en 5 actes, en vers, par le C^en Laya. 1793, etc.

126. **Tissot** (P. F.). Histoire complète de la Révolution Française. *Paris*, 1834-1837. 6 vol. in-8, demi rel. chag. brun.

127. **Vie** de Louis XVI. Revue, corrigée et augmentée, par M.... *Londres*, 1790; *port. et 3 figures.* — *Gassier* (J. M.). L'Antigone française ou Mém. hist. sur Marie-Thérèse-Charlotte de France, fille de Louis XVI, duchesse d'Angoulème. *Paris, Aubry, s. d., port.* — Madame Elisabeth de France, sœur du Roi. *Paris, Le Fuel, s. d., port. et 5 figures.* — Vie privée et mil.. .re de L. A. H. de Bourbon-Condé, Duc d'Enghien, et sa fin tragique. *Paris, Tiger, s. d.*, port. — Ens. 4 vol. in-16, demi-rel., *non rognés.*

> Le 1er vol. est relié en veau plein et est rogné.

128. **Vie** politque de Marie-Louise de Parme, Reine d'Espagne contenant ses intrigues amoureuses avec le duc d'Alcudia et autres amans, etc. *Paris*, 1793, in-18, de 192 pp., *fig.*, demi rel.

> Portrait et 3 jolies figures non signées. Rare.

129. Walpole (H.). Règne de Richard III, ou Doutes historiques sur les crimes qui lui sont imputés. Trad. de l'anglais par Louis XVI. *Paris*, 1800, in-8, *front.*, demi rel.

EMPIRE

130. Napoléon 1ᵉʳ. — Réunion de 6 vol. in-8, reliés et brochés.

Mémoires pour servir à la vie d'un Homme célèbre, par M. M****. *Paris*, 1819. — Hist. secrète du Cabinet de Napoléon Bonaparte et de la Cour à Sᵗ Cloud, par Lewis Goldsmith. *Londres et Paris*, 1814. — *Ségur* (Cᵗᵉ de). Hist. de Napoléon et de la Grande Armée pendant l'année 1812. *Paris*, 1825, 2 vol. — *O'Meara*. Napoléon en exil à Sainte-Hélène. *Paris*, 1822, 5 parties en 1 vol. — Le Manuscrit de Sainte-Hélène, publié pour la 1ʳᵉ fois avec ses notes de Napoléon. *Paris*, 1821.

131. Napoléon 1ᵉʳ. 7 volumes.

Précis sur les premières années de Bonaparte. *Paris, Demoraine*, in-18, *fig.*, cart. vélin, *non rogné*. — Vie civile et militaire de Napoléon Bonaparte, depuis sa naissance jusqu'à sa mort, par L***** R*****. *Paris*, 1821, 2 t. en 1 vol. petit in-12, *fig.*, demi rel., *non rogné*. - Correspondance intime de l'Armée d'Egypte interceptée par la croisière anglaise. *Paris, Pincebourde*, 1866, in-12, *front.*, demi rel., *non rogné*. — Amours secrètes de Napoléon, des Princes et Princesses de sa famille. *Paris*, 1844, 2 t. en 1 vol. in-12, *fig.*, demi rel. — Relation de la Bataille de Mont Sᵗ Jean, par un témoin oculaire. 4ᵉ édit., suivie de la campagne de Walcheren et d'Anvers en 1809; par M. de Rocca. *Bruxelles*, 1815, in-8, *2 pl. coloriées*, demi rel. — Le séjour de Napoléon à l'île d'Elbe (attribué à Cousin d'Avallon). *Paris*, 1815, in-18, *port.*, demi rel., *non rogné*. — Les Malheurs de N. S. P. le Pape Pie VII, sous le règne de Bonaparte. *Lille, Castiaux*, s. d., in-18, *port.*, demi rel.

132. Napoléon 1ᵉʳ. 3 volumes in-8 brochés.

Les Infortunes de plusieurs victimes de la tyrannie de Napoléon Buonaparte ; par l'une des deux seules victimes qui aient survécu à la déportation. (Par J.-B.-A. Lefranc). *Paris*, 1816, *port.* — Procès des trois Anglais, Wilson, Hutchinson, Bruce et autres, accusés d'avoir facilité l'évasion de Lavalette. *Paris*, 1816, *port.* — *Hamel* (E.), Histoire des deux conspirations du Gᵃˡ Mallet. Nouv. édit. augm. *Paris*, 1873, *port.*

133. Napoléon 1ᵉʳ. Pièces historiques. Imagerie populaire, publiée par Pellerin à Epinal. — Réunion de 40 pièces coloriées, en 1 vol. in-fol., cart., dos toile.

134. Puybusque (de). Souvenirs d'un Invalide (pendant le dernier demi-siècle). *Paris, Dentu,* 1841, 2 vol. in-8, *front.,* demi rel. chag. lavall., dos ornés, *non rognés.*

135. Trophées des Armées Françaises depuis 1792 jusqu'en 1815. *Paris, Le Fuel, s. d.* (1819-1820), 6 vol. in-8, *fig.,* brochés, *non rognés.*

> Frontispice et figures sur texte, dess. par *Couché fils* et *Gudin,* gravés à l'eau-forte par *Couché fils* et terminés par *Bovinet.*

RESTAURATION

136. Dictionnaire des Girouettes, ou Nos Contemporains peints d'après eux-mêmes. Par une Société de Girouettes. 2ᵉ édit. revue, corrigée et augmentée. *Paris, Eymery,* 1815, *fig. coloriée.* — Le Censeur du Dictionnaire des Girouettes ou les honnêtes gens vengés, par M. C***.(Ch.Doris) *Paris, sep.* 1815. — Dictionnaire des braves et des Non-Girouettes. Par une Société de Non-Girouettes. *Paris,* 1816, *front.* — Ensemble 3 vol. in-8, brochés, *non rognés.*

137. Lourdoueix (de). Les Folies du Siècle. 2ᵉ édit., ornée de 7 gravures. *Paris, Pillet,* 1818, in-8, *fig.,* demi-rel., *non rogné.*

138. Tardieu (A.). Portraits des députés, Ecrivains et Pairs Constitutionnels, défenseurs invariables de la Charte et de la loi des élections du 5 février 1817. *Paris,* 1828-1821, in-4, *port,* demi-rel. chag. rouge avec coins, *non rogné.*

> 148 portraits (sur 151) dessinés et gravés par Tardieu.

139. **Caricatures politiques**, événements historiques, portraits, etc.,relatifs à Charles X et à Louis-
Philippe. Réunion de 113 pièces gravées et lithographiées, en noir et coloriées, en 1 vol. in-fol.,
cart. toile.

> Très intéressant recueil, Pièces de *Wattier*, *Gérard-
> Fontalard*, *Grandville*, *H. Monnier*, *Traviès*, etc., etc.

140. **Caricatures politiques**. Réunion de 57 pièces
lithographiées, en noir et coloriées, sur Louis-
Philippe et la Révolution de 1848, en 1 vol. in-4
obl., cart. toile.

NAPOLÉON III
GUERRE DE 1870-71
COMMUNE, etc.

141. **Caricatures politiques, Napoléon III**. Réunion de 5 albums in-4 et in-fol., cart. toile.

> Réunion renfermant 415 pièces par *Moloch*, *A. Le Petit*,
> *Faustin*, *Klenck*, *Draner*, *Demare*, *Pilotell*, *Frison*, *Du-
> pendant*, *Pépin*, etc.

142. **Pièces historiques et Caricatures, Seconde
République, Napoléon III, Commune**. Réunion
de 266 pièces en 5 albums in-8, in-4 et in-fol, reliés
toile.

143. **Napoléon III, Commune, 3ᵉ République**. Réunion de 9 volumes cart. et brochés.

> Le Pilori des Mouchards. *Paris*, 1871, 2 livraisons. —
> La Bouche de fer, par Paschal Grousset, 1871, 2 livraisons.
> — Le Fils du Père Duchêne, illustré, an 79, 10 numéros.
> — Le Sans Culotte, par Alfred Le Petit, an 87, 30 numéros
> et 1 almanach. — 30 Chansons, satires, épigrammes sur le
> Second Empire. *France et Belgique*, 1871. — Le Bulletin
> de vote, par Gill. 72 numéros. — *F. Maillard*. Les Publi-
> cations de la Rue pendant le Siège et la Commune. Biblio-
> graphie pittoresque et anecdotique. *Paris, Aubry*, 1874. —
> Les Murailles politiques de la France pendant la Révolu-
> tion de 1870-71. Chute de l'Empire, la Guerre, la Com-
> mune, par J. Claretie. *Paris, s. d.*

144. Caricatures politiques, Guerre de 1870, Commune. Réunion de 13 albums in-4 et in-8, cart. toile.

Moloch. Paris dans les caves, 24 pl. coloriées. — *Draner*. Paris assiégé, 32 pl. col. — *Draner*. Les Soldats de la République, 32 pl. col. — *Cham*. Les Folies de la Commune. 20 pl. col. — Les Ruines de Paris, 20 pl. col. et 1 dessin original à la sépia. — *Pilotell*. La Caricature Politique, 1871, 6 nᵒˢ. — A. *Le Petit*. Fleurs, fruits et légumes du Jour. 32 pl. col. — *Faustin*. Le Musée-Homme ou le Jardin des Bêtes, 16 pl. col. — Marrons sculptés; 26 pl. col. — *Nérac*. Les Signes du Zodiaque, 12 pl. col. — *Mailly*. Le Pilori des Lâches. 31 pl. col. — La ménagerie impériale. 31 pl. col.

145. Bienvenu (L.). (Touchatout). Histoire de France Tintamarresque. *Paris* 1872. — Histoire tintamarresque de Napoléon III. *Paris*, 1874. — La Dégringolade impériale. *Paris*, 1878. — Le Trocadéroscope. *Paris*, 1878. — Le Trombinoscope. Dessins de G. Lafosse. 1872-1876. 4 vol. — Le Trombinoscope. Dessins de Moloch. *Paris*, 1882. — **Gill** (A.). Les Hommes d'aujourd'hui, 2 vol. — Ens. 11 vol. grand in-8, fig., demi rel.; les deux derniers ouvrages sont non rognés.

146. Pilotell. Avant, pendant et après la Commune. Caricatures à l'eau-forte par Pilotell, ex-directeur des Beaux-Arts, ex-Commissaire spécial de la Commune de Paris, condamné à mort par les assassins de Versailles. *Londres, chez l'auteur s. d.* — Suite de 24 pièces à l'eau forte dont le titre et la table, montées sur bristol, en 1 vol. in-4, veau brun, fil.

Suite très rare.

147. Pièces historiques, caricatures, imageries, etc. Troisième République : Thiers, Mac-Mahon, Grévy, Gambetta, etc. Réunion de 235 pièces, en 5 albums in-fol., reliés toile.

ESTAMPES

BALLONS (Pièces sur les)

149. — *Expérience de la Machine aérostatique de
Mrs de Montgolfier d'Anonai en Vivarais,
reppetée à Paris le 27 aoust 1783 au Champ
de Mars. — Allarme générale des habitants
de Gonese, occasionnée par la chûte du Ballon aérostatique de Mr de Montgolfier —*
Ens. 2 pièces faisant pendants, in-fol. en larg.,
très belles épr. *coloriées.*

150. — *Expérience aérostatique faite à Versailles le
19 sept. 1783 en présence de leurs Majestés.*
In-fol. en larg. Très belle épr. *coloriée.*

151. — *Expérience aérostatique faite à Versailles le
19 sept. 1783 en présence de leurs Majestés,
par Mrs de Montgolfier (A Paris, chez Le Noir).*
in-4 en larg. Belle épr.

152. — *Premier voyage aérien en présence de M^r le
Dauphin, faite dans le jardin de la Muette
par le Mis d'Arlandes et Mr Pilatre du Rosier
le 21 nov. 1783 — Second voyage aérien,
expérience faite dans le jardin de Thuilleries
par MM. Charles et Robert le 1 déc. 1783 —
Troisième voyage aérien, expérience faite à
Lion le 19 janv. 1784 —* Ens. 3 pièces in-8,
dess. par Ch. de Lorimier, grav. par N. de
Launay. Très belles épreuves,

153. — *Le moment d'hilarité universelle ou le Triomphe
de MM^{rs} Charles et Robert au jardin des
Thuileries le 1er déc. 1783.* Gravé par H. G.
Bertaux, d'aprè J. F. Petit in-4 en larg.
Belle épreuve.

154. — *Expérience du globe aérostatique de MM. Charles et Robert, au jardin des Thuileries le 1ᵉʳ déc. 1783.* In-4 en haut. Belle épr. *coloriée.*

155. — *Seconds voyageurs aériens ou expériences de MM. Charles et Robert au jardin des Thuilleries le 1 déc. 1783.* Par Prevost. In-4 en larg. Belle épreuve.

156. — *Globe aérostatique de Mᵐˢ Charles et Robert au moment de leur départ du jardin des Thuilleries le 1ᵉʳ déc. 1783 — Descente de la machine aérostatique des Sᵗˢ Charles et Robert. — Globe aérostatique, représenté s'élevant pour la seconde fois au milieu de la prairie de Nesles. —* Ens. 3 pièces in-4 en larg. Belles épr. *coloriés.*

157. — *Expérience du globe aérostatique de MM. Charles et Robert faite dans le jardin des Thuilleries le 1ᵉʳ déc. 1783 — Mgr le duc de Chartres et Mʳ le Duc de Fitz James signent le procès-verbal qui constate l'arrivée de MM. Charles et Robert dans la prairie de Nesle près d'Hédouville. —* Ens. 2 pièces dess. et gravées par Sergent, 1783. *(A Paris chez Tilliard).* In-8 en haut. Superbes épreuves à toutes marges.

158. — *Machine aérostatique (Le Flezel) construite par Mʳ Montgolfier l'aîné, de laquelle on à fait l'expérience à Lyon le 19 janv. 1784, dans les champs appelés les Brotteaux.* In-fol. en haut. Epr. imprimée *en bistre (Raccomodée).*

159. — *Expérience de Larcosta nommé La Mongolfière faitte par Mʳ Pilatre du Rosier à Versaille le 23 juin 1784 (Face du côté du Château).* In-fol. en haut. Très belle épreuve coloriée.

160. — *Description de la machine aérostatique enlevée en présence de la Famille Royale et du Cᵗᵉ d'Aga, le 23 juin 1784 à Versailles... Cette machine est nommée la Montgolfière*

Marie-Antoinnette (à Paris chez les Campions frères). In-fol. en haut. belle épreuve coloriée.

161. — *Vue perspective de l'aerostat Le Suffren et des appareils employés pour l'élever et le remplir, lequel a été lancé au jardin de l'Hopital des Enfans orphelins de Nantes le 14 juin 1784 (à Nantes, chez Auvray et à Paris chez Petit).* Gr. in-fol. en haut. Belle épreuve. *Rare.*

162. — *Expérience de l'aerostat nommé la Montgolfière faite par Mr Pilatre du Rosier à Versailles le 23 juin 1784.* In-fol. en larg. Belle épreuve, *coloriée.*

163. — *Embrasement déplorable de la Machine aerostatique des Srs Miolan et Janinet le dimanche 11 juill. 1784. (A Paris, chez J. Chereau).* In-fol. en larg. Belle épr. *coloriée.*

164. — *Expérience de la Machine acrostatique de M. Robert faite à St-Cloud le 15 juillet 1784. (A Paris chés les Campions frères).* In-fol. en haut. Belle épreuve *coloriée.*

165. — *La 4e Expérience aerostatique de M. Blanchard accompagné du Ch[or] Lepinard faite à Lille le 26 aout. 1785.* In-fol. en larg., gravé par Helman, d'après Watteau, de Lille. Belle épreuve.

166. — *M[r] Blanchard l'Aéronaute.* Dess. d'après nature par M. Bolomey et gravé par Mlle Evans. *(A Rotterdam, chez M[d] Sallieth).* Portrait in-4 dans un cadre, avec ballon-parachute, au dessous. Très belle épreuve imprimée *en sanguine.*

167. — *Entrée dans la ville de Paris de sa Majesté Louis XVIII, le 4 mai 1814 (à Paris chez Jean)* — 2 pièces différentes, in-fol. et in-4 en larg., en noir et *coloriée.* Belles épreuves.

168. — Estampes Satiriques : *Le Vaisseau areostatique
ou le retour de mon oncle, 1783* — *Le Volo-
maniste* — *Abaissez et non montez* — Ens.
3 pièces, dont 2 *coloriées*. Belles épreuves.

169. — Pièces diverses — *S. Héllena.* Imagerie reli-
gieuse en forme de ballon, découpée. Rare
— *L'Air*. Gravure anonyme in-12, coloriée
— Empreinte de *Cachet au Ballon* — *Eloge
de la Physique ou le Triomphe de MM. Ro-
berts*. Chanson ; 4 pp. Rare — Ens. 4 pièces.

170. — Pièces diverses : *Nadar en ballon*, lithographie
par *Daumier ; Affiches*, etc. ens. 5 pièces.

CARICATURES, PIÈCES HISTORIQUES

171. — *Procession de la fameuse ligue contre
Henri IV en 1593.* — *Le Cabaret Rampo-
naux* (épreuve abimée) — *La Rue Quincam-
poix — Le Gâteau des Rois — Levée du siège
de Pondichery*. Gravé *en couleurs* par Sergent — etc. 8 pièces.

172. — Révolution : Costumes civils sous le Consulat.
Par Chataignier et Poisson. 5 pièces. Belles
épr. *coloriées* — Loterie nationale — Les
Bonnes lois font le bonheur des peuples.
Gravé par Prot, d'après Boizot — Projet de
Fontaine pour la place de la Bastille. — etc.
Réunion de 15 pièces.

173. — Révolution : *Les Fastes du Peuple français*. Réunion de 35 pièces gravées par Grasset St-
Sauveur et Mixelle, d'après Labrousse.
Epreuves à toutes marges, 22 avec le texte
explicatif. *Peu commun*.

174. — Napoléon 1er : *Mort de Poniatowski.* 4 pièces —
*Tombeau du Prince Eugène Beauharnais
— Adieux du M^{al} Lannes à sa famille
— Entrée triomphale des Français dans
Moscou*. Imagerie populaire — etc. — Réu-
nion de 29 pièces en noir et *coloriées*.

175. — **Restauration** : *La Girouette politique et litté-
raire — Cosaque de Crimée revenant du
pillage — Ah ! comme ils me font aller !! —
La Seconde entrée triomphale — etc.* Réunion de 15 pièces *coloriées* (2 en noir).

176. — **Restauration** : *Le Testament de Louis XVI ou
les Regrets et l'Espérance.* Gravé *en couleurs*
par *Levachez — La Famille Royale — Portraits de Louis XVIII — Imageries anciennes
— etc.* Réunion de 14 pièces en noir et *coloriées.*

177. — **Restauration** : *Reception d'un chevalier de l'étei-
gnoir — La Constitution — Répétition
d'une pièce a grand Spectacle. — Accueil
gracieux fait aux missionnaires à Brest —
Tout le monde s'en mêle — Le juste milieu
ou le c. entre deux chaises. — etc.* Réunion
de 38 pièces en noir et coloriées.

178. — **Restauration** : *Portraits de la famille Royale —
Sujets historiques, Plans de la Chambre des
Députés —* etc. Réunion de 30 pièces en noir
et *coloriées.*

179. — **Restauration** : Charles X, Louis-Philippe : *Caricatures, portraits,* etc. Réunion de 95 pièces
en noir et *coloriées.*

180. — Réunion de 310 planches en noir et coloriées, de
Grandville, Traviès, Raffet, Philippon, etc.
extraites de « La Caricature ».

181. — **Guerre de 1870-1871, Commune,** etc. : *Martial.
Paris incendié,* 12 pl. — *Garibaldi. Portrait
tissé sur soie — Caricatures diverses, etc —*
Réunion de 63 pièces.

DAUMIER (Honoré)

182. — Portraits-charges : Mr Barthe — Mr Keratr... —
M^r d'Argo... — Mr Etien... — Mr Vieux-Niais —
Mr Sébast... — Mr Arlépaire — Dup... — Sou...
— etc. Réunion de 20 pièces.

183. — Cortège du commandant général des Apothi-
caires,... — Le Fantôme — Et pourtant elle
marche — Sire, Lisbonne est prise... — Un
rentier des bons royaux. Un rentier des Cor-
tès... — Ksssssse !... Ksssse ! Kssse !! — etc.
Réunion de 29 pièces en noir et *coloriées*.
184. — Rue Transnonain, le 15 avril 1834. Epreuve
remargée et restaurée.

DESSINS

185. — *Papiers peints XVIII*e *siècle : Oiseaux, Singes,*
12 pièces — *Le Traineau : le Papillon.* 2 sujets éventails, à la sépia, par S. Leroy — *Le
Taguam ou grand ecureuil volant.* Par De
Sève — *Costumes hist. du règne de Charles
le Chauve.* Aquarelle de E. H. Langlois —
etc. — Réunion de 21 pièces.

ECOLE ANGLAISE

186. — **Hincks** (Wᵐ), 1790. *Sujet allégorique.* Très belle
épreuve *avant la lettre.*

ESTAMPES ANCIENNES

187. — *La Passion de N. S. Jésus-Christ.* Suite de
13 pièces gravées par J. de Gheyn, d'après
K. Mandere. — *Chasses.* Suite de 32 pièces
gravées par J. Collaert et Ph. Galle, d'après
J. Stradanus — *Sujets de la Bible.* 3 pièces
par Delaulne — etc. — 50 pièces.
188. — **Boyvin** (René). *La Conqueste de la Toison d'or.*
Suite de 25 pièces (sur 26). Manque la pl. 21.
Bonnes épreuves.

GRATELOUP (J. P. S. de)

189. — *L'Espagnolette*, d'après Grimou. Très belle
épreuve.

IMAGERIES POPULAIRES ANCIENNES

190. — *Sujets historiques : Napoléon, Restauration, Guerre de 1870-1871,* etc. Réunion de 23 pièces *coloriées.*

191. — *Sujets religieux et autres,* publiés par *Pellerin à Epinal.* Réunion de 70 pièces *coloriés.*

192. — *Sujets religieux et autres,* publiés *à Chartres.* Réunion de 105 pièces *coloriées.*

193. — *Vie de Joseph ; Vie de l'Enfant prodigue (à Paris, chez Daumont),* etc. Réunion de 23 pièces *coloriées.*

JÉSUITES (Pièces sur les)

194. — *Expulsion des Jésuites des Etats du Roy d'Espagne, de Naple, et des duchés de Parmes ; Arrivée des Jésuites expulsés dans l'Etat ecclésiastique — L'Ombre inique condamné par Minos, Eaque et Radamante ;* etc. Réu- de huit pièces.

MÉRYON (Ch.)

195. — *Le Pont au Change.* Belle épreuve du 1er état, sur chine monté.

MODES

196. — Réunion de 98 pièces *coloriées,* du XVIIIe siècle, et du 1er Empire (Costume Parisien).

PORTRAITS

197. — *Charles de Bourbon, Cardinal Archevêque de Rouen — Rogerius de Piles, nivernensis eques — M. P. de Voyer de Paulmy, d'Argen-*

son — *Ch. Richer de Roddes de la Morlierre
— Diderot —* etc. 14 pièces par Th. de Leu,
Bernard Picart, de Marcenay, Lépicié, Gau-
cher, etc. — Belles épreuves.

198. — *Anne d'Autriche — Claudius de Rebe, archi-
épisc. et prima Narbonensis —* etc. 6 pièces
gravées par Claude **Mellan**. Très belles
épreuves, 5 *avant la lettre.*

199. — **Physionotraces :** *Marie Amélie Armand, reçue
au Théâtre Italien en 1793 — Etienne Calvet,
de Toulouse, —* etc. 4 pièces gravées par
Chrétien et Quénedey.

PROTESTANTISME (Pièces sur le)

200. — *Doctor Martin Luther ; Catherina Luther
(I. G. Bock, exc.). — Pièce satirique sur le
Congrès d'Erns.* — Ens. 3 pièces, les 2 pre-
mières *coloriées.*

SAINT-SIMONISME (Pièces sur le)

201. — *Les Moines de Ménilmontant ou les Capacités
St-Simoniennes — Nouv. armée des Femmes
St-Simoniennes — Portrait du Père Enfan-
tin,* lith. par Cals ; etc. — Réunion de 6 pièces
dont 2 *coloriées.*

SUPPLÉMENT

202. — *Vues de Paris,* par I. Van Merlen : 7 pièces —
Napoléon Ier, 4 pièces — *Sanguine,* grav. par
Carrée, d'après Chéreau, — etc. — Ens.
13 pièces.

IMPRIMERIE

F R A Z I E R - S O Y E

153-157, Rue Montmartre

PARIS